LIGUE NATIONALE CONTRE L'ATHÉISME

CONFÉRENCES. — N° 3.

DE LA CRIMINALITÉ

DANS SES RAPPORTS

AVEC L'ÉTAT PRÉSENT DES ESPRITS

Par **Henri JOLY**

PARIS

A. FAIVRE ET H. TEILLARD

LIBRAIRES-ÉDITEURS

27 ET 31, RUE BONAPARTE

1892

PRIX **50** CENTIMES.

Extrait

des *Annales de l'Alliance scientifique*

1891. — N° 85.

DE LA CRIMINALITÉ

DANS SES RAPPORTS

AVEC L'ÉTAT PRÉSENT DES ESPRITS

Par **Henri JOLY** (1)

La Ligue contre l'athéisme s'est proposé d'étudier les principales maladies morales de notre époque et de chercher quel remède devait y être apporté par le raffermissement de l'idée de Dieu. Je ne prétends pas que le crime soit une maladie particulière à notre siècle : le crime est certainement de tous les temps et il sera de tous les temps. L'homicide existe depuis Caïn. Dans tous les âges, il y a eu des hommes désireux de jouir et désireux de peu travailler ; il y a eu des hommes désireux de jouir au détriment des autres, il y a eu des ambitieux sans scrupule ; il y a eu des hommes cupides et, par conséquent, il y a eu des criminels. Ce que je voudrais examiner ce soir, c'est, comme vient de le dire notre illustre président, la criminalité dans ses rapports avec l'état présent des esprits. Il faut d'abord savoir en quoi la criminalité actuelle diffère de la criminalité des siècles précédents. Il est vrai que la criminalité des siècles précédents, nous ne la connaissons pas beaucoup. Mais nous commençons à connaître la nôtre depuis 1825, époque où a commencé la statistique criminelle ; ainsi une longue expérience nous est acquise déjà, et

(1) Conférence faite à la Ligue contre l'Athéisme, sous la présidence de M. Ad. Franck, de l'Institut.

nous pouvons nous demander quel est, à l'heure où nous sommes, le caractère que revêt ce mal éternel de la criminalité.

Eh bien ! je commence tout de suite en disant que la criminalité actuelle a un caractère qui est le plus malheureux qu'on puisse relever, c'est qu'elle est croissante, voilà le fait qu'il nous est possible d'affirmer d'après une expérience déjà longue et qui est parfaitement authentique. Ce n'est même pas assez dire que de dire qu'elle est croissante. Elle est de plus en plus croissante. En effet, en 1838 (nous prenons une période de 50 années, ce qui nous permet d'asseoir des jugements très sûrs), la France comptait 237 crimes et délits sur 100.000 habitants. En 1888, à la veille de l'Exposition universelle, elle en comptait 552. Vous voyez, Messieurs, quel est le triste progrès, et comment on peut dire que le premier caractère de la criminalité d'aujourd'hui est bien un accroissement continu, non pas qu'il n'ait jamais été interrompu (je reviendrai tout à l'heure sur ce point) mais enfin, si nous subdivisons cette période en un certain nombre de périodes secondaires, nous voyons que l'augmentation de la première à la dernière a été considérable.

Il y a un second caractère qui n'est pas moins triste : c'est que cette criminalité est de plus en plus précoce. On entre aujourd'hui extrêmement jeune dans la carrière du crime, comme l'a dit un des maîtres les plus éminents du droit criminel. Si, en effet, nous décomposons les différents chiffres qui nous donnent l'augmentation du crime, nous verrons que l'enfance et l'adolescence y figurent malheureusement d'une façon très large. Non seulement nous avons aujourd'hui de jeunes assassins de 15, 16, 17 ans ; non seulement nous voyons la société se résoudre à exécuter, par suite de la frayeur qu'elle éprouve, des meurtriers de 18 et de 19 ans, mais il y a une commission chargée de classer ceux qu'on appelle les récidivistes, et qu'on tient pour incorrigibles, étant donné le grand nombre de leurs méfaits ; or cette commission-là est obligée d'inscrire de jeunes malfaiteurs qui sont encore en âge de minorité. Elle trouve des jeunes gens de 18 et 19 ans qui ont déjà amassé sur leur tête assez de condamnations pour tomber sous le coup d'une loi destinée, semblait-il, aux malfaiteurs ayant passé une existence entière dans l'habitude du crime.

Voici maintenant un troisième caractère, qui touche de près au précédent, c'est que cette criminalité, qui est très précoce, est, en même temps, très tenace et que le nombre des récidivistes va toujours en s'accroissant. Messieurs, il n'y a pas à s'en étonner beaucoup. Supposez que les criminels soient uniquement des hommes qui, entrés dans les luttes de la vie, aient été exposés, un certain jour, à une tentation violente; alors, leur crime sera un crime accidentel : il aura été, je ne dirai pas imposé, mais presque arraché par la violence d'un outrage, par un entraînement de jeunesse, ou bien encore par la misère, enfin par un de ces accidents douloureux qui surviennent parfois dans les familles. Les hommes qui se seront laissés aller, sous l'empire d'une telle passion, pourront s'en repentir ; peut-être ne recommenceront-ils pas, si la répression est légale, si elle est bonne, si elle est morale, si elle s'occupe non seulement d'intimider, mais d'amender les malfaiteurs. Mais, lorsque le crime a commencé de très bonne heure, Messieurs, il va de soi que tout ce que l'on pouvait demander à l'éducation ordinaire sera arrêté immédiatement par le fait même de l'incarcération. Un malfaiteur qui a débuté dès l'âge de 13, 14 ou 15 ans, est un individu chez qui le développement de l'humanité sera forcément suspendu. Chassé de la société presque avant d'en faire partie, il aura peu de chance d'y rentrer et d'y retrouver sa place. Par conséquent, nous ne devons pas nous étonner qu'en même temps que le crime soit plus précoce, il soit plus tenace. Et, d'ailleurs, voici les chiffres : Dans la période dont je viens de vous parler, en 50 années, la criminalité générale a augmenté de 133 %, mais la criminalité des mineurs de moins de 16 ans a déjà augmenté de 140 %, c'est-à-dire proportionnellement un peu plus que la criminalité générale. Mais, si vous prenez les mineurs de 16 à 21 ans, alors vous avez une augmentation de 247 % ; et quant à l'augmentation des récidivistes il n'est pas étonnant qu'elle ait suivi à peu près la même marche. Je n'insiste pas sur les chiffres qui ont été donnés de tous les côtés, je rappellerai simplement que, dans une période plus récente, de 1856 à 1869, la France comptait 42.000 récidivistes, et qu'en 1887, elle en comptait 03.000, la proportion des récidivistes dans l'ensemble de ces années s'est élevée de 31 à 54 %.

La criminalité d'aujourd'hui, Messieurs, a encore d'autres caractères qui la distinguent de la criminalité des périodes précédentes. Je dirai (je n'ai pas besoin de ménagements, j'imagine, pour caractériser les êtres dont je parle) je dirai que la criminalité contemporaine est de plus en plus lâche ; elle est, de plus, caractérisée par l'absence, je dirai hardiment de passion, quoiqu'on abuse beaucoup de ce qu'on appelle aujourd'hui le crime passionnel, et en définitive, si vous voulez analyser ces crimes prétendus passionnels, vous trouverez que ce sont des crimes vicieux tout simplement. Du reste, la comparaison nous est rendue assez facile par la statistique. Il y a des chiffres qui sont parlants, il y a des groupements de chiffres qui ont toute la vie d'un drame. Eh bien ! depuis que nous avons une statistique bien tenue, il nous est facile de suivre, et j'ai suivi à la trace les caractères que la criminalité manifeste et qu'elle incarne pour ainsi dire dans les chiffres.

Dans une première partie de ce siècle, la criminalité a été violente et passionnée, ou du moins c'est là le caractère qui dominait. Alors que les passions révolutionnaires étaient encore mal apaisées, que le souvenir des luttes de la fin du siècle précédent et du commencement de ce siècle-ci n'était pas éteint, il y avait, dans la criminalité française, quelque chose qui rappelait le brigandage et l'assassinat politique. On sentait, en quelque sorte, dans les veines mêmes de ces homicides et de ces meurtriers, une sauvagerie, une violence de révolte qui n'était pas uniquement inspirée par des motifs bas.

Dans la période qui a suivi, de 1840 jusqu'en 1854, la violence n'a pas augmenté beaucoup. Ce qui s'est développé alors, c'est la cupidité. J'avais fait ressortir ce caractère, et un critique fort érudit a demandé sur quelles preuves j'avais affirmé que la cupidité avait toujours été en augmentant en France jusqu'en 1854 et sur quelles preuves j'avais ajouté que depuis, elle paraissait, non pas avoir diminué, comme nous le voudrions, mais n'avoir pas continué à prendre le même développement qu'auparavant. Si je l'ai dit, Messieurs, c'est sur une preuve qui est parfaitement sûre : car c'est en 1854 que le nombre des crimes et des délits inspirés par la cupidité a atteint son maximum : il y en a eu, cette année-là, 170 par cent mille habitants, c'est le chiffre le plus élevé de la période. Nous ne sommes pas encore tout à fait remontés à ce niveau, quoique nous y marchions. Assurément, nous avons encore beaucoup de ces délits. Peut-être même, je l'avoue, pourrait-on prétendre qu'il y a aujourd'hui un très grand nombre d'actes malhonnêtes inspirés par la cupidité et qui échappent, par une habileté de plus en plus grande, à l'action de la justice. Mais enfin, sans entrer dans cet examen, il faut reconnaître que, depuis 1854, les crimes et délits inspirés par la cupidité paraissent, d'après la statistique, être un peu moins nombreux. Ce qui a d'abord pris la place, à cette époque, c'est l'immoralité. Ce fait est d'autant plus frappant que, depuis 1857 jusqu'en 1867, époque de prospérité, je n'ai pas besoin de vous le rappeler, la criminalité générale a diminué. Cependant l'immoralité, elle, ne diminuait pas, elle augmentait même. Tandis que la criminalité générale baissait dans des proportions assez remarquables, de 480 par cent mille habitants, à 444, puis à 408, puis à 389, l'immoralité montait de 10 à 14. Par conséquent, il y a bien eu, à cette époque-là, un caractère nouveau : ç'a été non plus la violence, non plus la cupidité qui force le coffre-fort d'autrui, mais le désir de s'amuser quand même, au mépris des droits de la personne humaine, au mépris de la pudeur d'autrui. Messieurs, aujourd'hui, malheureusement, ni la violence ne s'arrête, ni la cupidité ne désarme, ni l'immoralité ne s'atténue ; les crimes par violence, les crimes par cupidité, les crimes par immoralité vont tous en augmentant ;

mais ce qui domine, pour ainsi dire, la scène, c'est autre chose : c'est une sorte de faiblesse dans le plaisir même ; c'est l'abandon de soi-même et la lâcheté. Ainsi, tandis que les crimes par violence n'ont augmenté, en 50 ans, que de 51 % , les crimes par cupidité de 62 % , ce qui est déjà triste, les crimes par immoralité ont augmenté de 240 % , et les crimes et délits que l'on dit, à juste titre, inspirés par la paresse et par la misère, ont augmenté de 430 % . Voilà donc, scientifiquement démontrée, la véritable caractéristique de la criminalité actuelle. Je suis obligé de dire que cette faiblesse issue de l'accroissement, non de la pauvreté, mais de la misère (car la pauvreté diminue, en France, et la misère y augmente) ne nous délivre pas moins du monde des autres crimes. La violence n'augmente pas beaucoup ; voilà pourquoi nous trouvons qu'elle augmente relativement peu : c'est parce que nous comparons son accroissement, qui est relativement modéré, à l'accroissement énorme de l'immoralité, de la misère et de la paresse ; mais enfin les attentats à la vie augmentent et la cupidité se remet aussi de nouveau à augmenter.

Messieurs, j'ai résumé ici une période de 50 années, qui s'arrête en 1888. La statistique criminelle ne va pas plus loin en ce moment, elle est très en retard, ce qui est regrettable pour nos études. J'aurais voulu vous donner d'une manière plus complète les résultats de la criminalité française dans cette année qui a été si brillante pour notre pays, dans l'année de l'Exposition universelle. La France a développé alors une prospérité sans rivale : comment la moralité y a-t-elle répondu ? Il y a un document qui nous permet de combler la lacune que laisse subsister le retard de la statistique criminelle proprement dite ; c'est la statistique particulière de la ville de Paris. La ville de Paris vient de nous donner son annuaire pour l'année 1889, et Paris est la capitale du crime comme la capitale de tout le reste : c'est le grand lieu de transit et de transformation, c'est le centre où aboutissent tous les penchants criminels, où ils s'élaborent, je ne dirai pas où ils se perfectionnent, mais enfin où ils se développent pour que les résultats en soient renvoyés ensuite à tous les coins du pays. Eh bien, les résultats de la criminalité parisienne, pendant l'année de l'Exposition, ne manquent pas d'intérêt : ils nous permettent d'abord de voir qu'il y a eu ce que nous attendions : un progrès de l'aisance. Les classes qui paraissaient autrefois poussées au crime par la misère ont été épargnées, elles ont été ménagées en quelque sorte par la clémence du sort, car s'il y a eu une augmentation dans les arrestations faites à Paris, ce n'est pas à la misère qu'on le doit. Tous les délits qui semblent inspirés par le dénuement et par la pauvreté ont diminué pendant cette année 1889 ; les délits de grève ont diminué ; on ne songeait pas à faire grève dans une pareille année où les salaires étaient très élevés, où le travail était abondant ; les délits de chasse ont diminué ; il paraît que les chasseurs venaient à Paris plutôt que de rester dans leurs communes rurales ; ce qu'on appelle le vagabondage intéressant (c'est une expression de la statistique parisienne qui distingue deux espèces de vagabondage), le vagabondage des misérables qui n'ont pas de domicile, et auxquels on ne peut pas en faire un crime, avait diminué ; la mendicité avait diminué, les banqueroutes elles-mêmes avaient diminué. Mais maintenant, les arrestations pour jeux de hasard, les arrestations pour ivresse, les arrestations pour vagabondage non intéressant, les arrestations de ces personnages qui exploitent le vice d'autrui et dont on s'occupe tant aujourd'hui, oh ! ces arrestations avaient beaucoup augmenté, comme les arrestations pour meurtres, incendies, attaques nocturnes, attendats aux mœurs de toute nature, fabrication de fausse monnaie, filouterie, abus de confiance et pour toutes les formes du vol (à l'exception d'une ou deux). Ces résultats confirment donc, vous le voyez, ceux de l'analyse que nous faisions tout à l'heure. Et voici d'autres points qui les confirment également. La criminalité, disais-je, est de plus en plus précoce. C'est ici le point le plus douloureux. Les arrestations d'hommes majeurs ont augmenté certainement à Paris en 1889 ; il y en a eu mille de plus, 1030, pour parler exactement, de plus qu'en 1888 ; il faut remarquer cependant qu'il y en avait eu moins qu'en 1887. Il est probable que les deux années 1888 et 1889 ont procuré, aux hommes proprement dits, des occupations qui ont soustrait un certain nombre d'entre eux aux tentations de l'oisiveté. Mais quand on arrive aux enfants mineurs, et surtout aux jeunes garçons mineurs, on trouve que l'année 1889 a compté 1,816 arrestations de plus que l'année 1887, et 2,157 arrestations de plus que l'année 1888. Par conséquent, vous voyez que l'année de l'Exposition a été funeste aux enfants mineurs. Pour les femmes, les jeunes filles mineures, la progression, quoique moins accusée par les chiffres absolus, a été proportionnellement aussi sensible.

Voilà, Messieurs, des caractères déjà très fâcheux. Il reste à en signaler un qui n'est pas moins alarmant. Notre criminalité n'est pas seulement de plus en plus croissante, de plus en plus précoce, de plus en plus lâche, elle est de plus en plus impunie : dernier caractère qui met en quelque sorte le comble à tous les autres. Oui, elle est de plus en plus impunie, et c'est là ce qui me permet de répondre à une objection qui est sur toutes les lèvres : « Vous dites que le crime augmente, que la criminalité est en accroissement continu, mais très probablement c'est parce qu'on arrête et qu'on punit beaucoup plus de malfaiteurs qu'autrefois. » Hélas ! il n'en est rien, la statistique criminelle, qui est faite avec beaucoup de scrupule, nous donne les chiffres exacts des affaires qui sont classées sans suite, parce que les auteurs n'ont pas pu être découverts. Or, en 1825, il y en avait 9,000, et, en 1888, il y en a 78,000 ! Voilà la différence. (*Sensation.*)

L'augmentation a été continue, et non seulement cette augmentation a été celle que je viens de vous dire, mais il y a des proportions qui, dans ces dernières années, sont encore plus alarmantes, car, jusqu'ici, on nous disait : « Le nombre des crimes dont on ne peut pas découvrir les auteurs augmente parce que les crimes augmentent. Par conséquent, prenez-vous-en en quelque sorte aux malfaiteurs ; mais la justice qui les poursuit n'est pas responsable du nombre des crimes et, du moment où la proportion des crimes qu'on ne peut par découvrir reste la même, nous remplissons notre devoir, et la société nous seconde sans défaillance, comme elle faisait auparavant. » Eh bien ! cela n'est plus vrai, car, dans ces dernières années, les proportions se sont modifiées. Il y a à peine dix ans on peut dire que, sur cent affaires dont l'examen était retenu (remarquez bien ceci : dont l'examen était retenu, c'est-à-dire non pas un de ces crimes qui sont quelquefois imaginaires, qui donnent lieu à une dénonciation et dont la piste est aussitôt abandonnée, parce que, peut-être, elle n'est pas sérieuse, mais je parle des affaires dont l'examen était retenu parce qu'on a su qu'il y avait là véritablement un crime et un délit), eh bien ! sur cent de ces affaires, il y a dix ans, il y en avait 13 qui étaient classées sans suite, et, dans l'année 1888, il y en avait 17 ! Si, dans les dix années qui vont s'ouvrir, cette proportion suivait un pareil accroissement, vous voyez ce que nous réserverait l'avenir.

Voilà, Messieurs, les caractères essentiels de la criminalité d'aujourd'hui. Par conséquent, nous ne faisons aucunement confusion, nous ne demandons pas compte, pour ainsi dire, à notre époque, de ce qu'il s'y commet de crimes : il s'en commet partout ; nous lui demandons compte des caractères nouveaux qu'a revêtus la criminalité.

Il est très juste, Messieurs, si nous voulons rechercher les causes et nous demander dans quelle mesure l'absence de croyances y est intéressée, il est très juste de commencer par l'enfant. Vous avez sans doute connu, pour la plupart d'entre vous, un esprit très original et très élevé qui s'appelait l'abbé Gratry. Il disait un jour cette parole un peu étonnante, qui semble d'abord trop flatteuse pour notre orgueil, mais qui est très profonde : « Le petit enfant voit Dieu dans son père. » Et il développait cette expression-là beaucoup mieux que je ne puis le faire. Oui, l'enfant voit Dieu dans son père, à certaines conditions cependant : à condition que son père lui en parle et le lui montre. Il est certain que dans une famille normale et dans une société intacte, il y a, dans l'alliance de ces deux idées (et je crois que je suis bien ici dans le cœur du sujet que la Ligue m'a donné à traiter), il y a, dans l'alliance de ces deux idées, quelque chose qui est certainement précieux. De l'union de ces deux idées le petit enfant recevait deux inspirations bienfaisantes : il se familiarisait davantage avec l'idée de Dieu et il respectait davantage son propre père. Il se familiarisait avec l'idée de Dieu, parce que dans l'idée de la divinité, il retrouvait, non pas le Dieu des fanatiques, non pas le Dieu de ceux qui se vengent, mais le Dieu providentiel, et, de l'idée de cette puissance amie qui protégeait ses jeunes années, il s'élevait graduellement jusqu'à l'idée d'une Providence éternelle, s'étendant non plus seulement sur ceux qui habitaient avec lui la même demeure, mais sur ceux qui habitaient le même monde et la même terre. Les métaphysiciens nous disent que le moyen par lequel la raison humaine s'élève jusqu'à la notion de Dieu est un procédé de transcendance par lequel l'esprit va d'une vérité relative à la vérité absolue, d'une beauté imparfaite et périssable à une beauté éternelle et idéale. Eh bien ! mais la voie par laquelle l'enfant s'élève à la notion de Dieu est la même : d'une paternité qui est bienfaisante, mais qui est limitée, il s'élève à une paternité infinie et toute-puissante. J'ose dire ensuite que, quand le petit enfant revenait de l'idée de Dieu à l'idée de son père, cette dernière autorité n'y perdait pas ; il la trouvait certainement limitée, mais limitée par la seule puissance qui pût la régler sans l'avilir, la restreindre sans l'amoindrir, et, au contraire, en la relevant.

Voilà l'alliance d'idées qui nous parait tout à fait nécessaire dans l'éducation. Mais, aujourd'hui (nous ne faisons pas de procès dans le vide : il faut bien que nous trouvions une explication aux faits que nous venons de constater), nous sommes bien obligés de dire que, si la criminalité de l'enfance a tant augmenté, c'est que ces deux bases de l'éducation ont chancelé l'une et l'autre. Oui, elles ont chancelé, car pour que le petit enfant voie Dieu en son père, je le disais, il faut des conditions. Hélas ! il faut d'abord qu'il ait un père. Vous comprenez le sens dans lequel je le dis. Le nombre des enfants qui n'en ont pas ou qui ne le connaissent(pas cela revient au même) va en augmentant. Un instituteur de Paris, qui suivait dernièrement ses enfants dans les rangs, entendait l'un d'eux dire à son voisin : « Est-ce que tu as toujours le même père, toi ? » L'autre répond : « Mais, dame, oui. — Eh bien, moi, j'en ai déjà eu quatre cette année. » Et ce n'est pas une exception, cela est très fréquent. Or, il est parfaitement clair que ce n'est pas dans un père pareil que l'enfant peut voir Dieu, et ce n'est pas une paternité semblable qui peut montrer le reflet de la divinité dans une autorité si intermittente et si changeante. Et encore avons-nous le droit de prononcer ici le mot d'autorité ? Évidemment nous ne pouvons pas ne pas signaler ce fait, et nous ne pouvons pas ne pas dire que, si l'enfance est plus criminelle qu'elle ne l'a jamais été, c'est qu'elle ne connaît ni l'autorité paternelle ni l'autorité divine. L'enfant, qui quitte le foyer parternel comme on le quitte aujourd'hui, si tôt, est un enfant qui, n'ayant plus l'idée de cette première et naturelle autorité, n'aura pas l'idée de l'autre. Si vous allez au Dépôt, où on entasse, tous les jours, les enfants arrêtés dans Paris, et si vous interrogez les petits enfants qui sont là, des enfants de 7, de 12 et de 13 ans, vous leur demanderez comment ils ont été arrêtés. Ils vous expliqueront qu'ils ne demeuraient plus avec leur père ni avec leur mère. Pourtant une mère, on en a toujours une !

Ainsi, vous trouverez des enfants de 12 ans qui ne demeurent même plus avec leur mère ; ils ont abandonné l'école, ils ne sont pas en apprentissage, ils ont trouvé déjà le moyen de gagner quelques sous dans ces petits métiers désorganisants de la vie parisienne, et ils ont une mère qui demeure en un coin de Paris, tandis qu'eux demeurent dans un autre. Toute autorité, comme toute Providence, est donc pour eux absolument invisible. Et puisqu'il faut un point d'appui pour que la pensée humaine s'élève de la terre au ciel, du père qui est sur la terre au Père qui est dans les cieux, le point d'appui manquant, l'élan manque également. Alors ce retour dont je parlais tout à l'heure, ce retour qui faisait que la pensée naissante revenait de l'idée de l'autorité divine à l'idée de l'autorité paternelle et qu'elle reportait sur l'autorité paternelle une partie de ce respect qu'inspirait l'autorité divine, tout cela s'évanouit ; quant aux conséquences, Messieurs, je vous les ai rappelées tout à l'heure, mais vous n'avez plus à vous en étonner.

J'arrive maintenant à l'adolescence, à la jeunesse. Voilà cet enfant qui entre dans la vie sociale, il y entre sans aucune espèce de préparation. Quelles sont les deux grandes conditions de la vie sociale ? Elles ne sont pas nombreuses, elles sont très simples même : c'est l'effort personnel et c'est le concours mutuel. C'est l'effort personnel qui est soutenu par le sentiment de la dignité de notre nature. La personne humaine doit avoir assez le sentiment de ce qu'elle vaut pour croire que, si elle veut être heureuse, parvenir aux honneurs sociaux et briller, car rien de tout cela n'est défendu, il faut qu'elle le doive à ses efforts à elle, car l'homme gagne son pain à la sueur de son front et les honneurs auxquels il veut arriver, il faut qu'il les mérite : tel est le premier élément d'une vie sociale bien organisée. Le second élément est évidemment le concours mutuel ; mais, pour que l'idée de ce concours soit bienfaisante, elle doit, comme le sentiment du besoin de l'effort personnel, être soutenue par une certaine confiance, et laquelle ? La confiance dans l'harmonie des intérêts, non pas sans doute de ces intérêts factices que les hommes essaient d'établir et d'armer en face les uns des autres, mais des intérêts dont l'accord a été établi par l'organisation du monde et de la société, c'est-à-dire par un Dieu intelligent et bienfaisant. Il n'y a pas d'autre base à la confiance dans l'ordre social que cette croyance que cet ordre n'est ni l'œuvre du hasard, ni l'œuvre de nos passions, mais est l'œuvre d'une Providence intelligente et paternelle.

Qu'est-ce que nous avons substitué, de nos jours, à ces deux idées et, je le répète, Messieurs, il faut bien que nous trouvions des explications aux faits tels que nous les avons constatés ? Nous avons substitué à l'effort personnel, ah ! le désir de jouir, de jouir à tout prix, et (les chiffres que je vous ai cités sont assez éloquents) de jouir le plus tôt possible. Ce désir rencontre évidemment des obstacles, et, par conséquent, la lutte contre ces obstacles a dû développer un second sentiment qui est le mécontentement érigé, pour ainsi dire, en principe ou en théorie de la vie. L'idée dominante des croyances religieuses, là où elles durent, est-elle que l'homme doit se résigner à tout ? Non ! si nous étions en face d'une croyance voulant enseigner la résignation quand même et faire de la résignation absolue le pivot de la vie, eh bien, non, nous protesterions ; car d'abord, s'il est souvent bon de se résigner pour soi, il n'est pas bon de se résigner pour les autres, et, par conséquent, il ne faut pas trop appuyer sur le devoir de la résignation. Non, il est bon de ne pas se résigner à toutes les injustices ; on doit supporter patiemment certaines souffrances et certaines épreuves personnelles ; mais il ne faut pas se résigner aux iniquités, car, sans doute, on peut les mépriser ; mais il faut se dire qu'il y a d'autres hommes qui en pâtissent, et que, si on les fait cesser, on ne diminue pas seulement les souffrances de quelques-uns, on abaisse l'orgueil de ceux qui commandent et qui oppriment injustement. (*Applaudissements*). Il faut cependant, Messieurs, une certaine résignation dans la vie, mais une résignation inspirée par la certitude d'une justice qui finira par triompher, ici ou ailleurs, et dont nous pouvons hâter le triomphe terrestre, par nos efforts personnels.

Or, aujourd'hui, le principe de la vie est le mécontentement, mécontentement dont quelques esprits profonds disent que c'est l'origine et la condition *sine quâ non*, quelques-uns disent : du progrès. Autrefois on pensait : Il faut que chacun soit content de sa situation et de son sort ; on dit aujourd'hui dans les deux mondes : Il faut que chacun soit mécontent de la situation dans laquelle il est, et il faut que chacun cherche à en sortir, à quelque prix que ce soit et de quelque manière que ce soit. Cette théorie du mécontentement érigé en principe et devenant enfin comme le facteur de l'évolution universelle, c'est, je ne dirai pas le transformisme, ni la théorie darwinienne, mais je dirai que cela en est l'abus, tout au moins, et je suis ici, croyez-le, Messieurs, dans mon sujet, car cette prétention de venir faire plier les institutions et les relations sociales devant les exigences de son propre mécontentement, nous trouvons cela partout ; nous le trouvons surtout chez le criminel, car le désir d'excuser la violence, la ruse, surtout la ruse spoliatrice, par des théories prétendues philosophiques et scientifiques, mais elle est chez les délinquants. On a exécuté à Paris un malheureux étudiant en médecine, dont je n'ai pas besoin de rappeler le nom, et qui, de concours avec un agent d'affaires encore jeune, avait assassiné une vieille femme pour la voler. Mais quinze jours après le crime, alors que la police le recherchait, il a fait une conférence sur ses doctrines. Elle était intitulée : *le Darwinisme et l'Église* ; il y montrait, il essayait d'y montrer que toutes les vieilles croyances devaient céder devant une croyance nouvelle ; mais laquelle ? La croyance au progrès ? Non. Il était parfaitement précis, parfaitement net dans son explication : « La doctrine darwinienne, dit-il, n'est pas la philosophie du progrès. Nous ne nous chargeons pas du tout d'assurer le progrès pour l'espèce humaine. La vérité la voici : Il faut que chacun s'adapte, du mieux possible, à la situation dans laquelle il est, de manière à en tirer, pour lui, le meilleur avantage possible. « Telle était sa théorie. Eh bien, il était très conséquent, et il exprimait les idées d'un très grand nombre de ses pareils.

Il y a une conséquence qui découle immédiatement de ces principes : c'est que le concours mutuel, tel que je le définissais tout à l'heure, est remplacé par la lutte, par la lutte sans pitié, par la lutte sans merci, et cette lutte, à quoi est-ce qu'elle tend ? à créer quelque chose de nouveau ? ce n'est pas nécessaire. La lutte par laquelle chacun cherche à s'adapter aux circonstances dans lesquelles il se trouve pour en tirer le parti le plus avantageux pour lui-même, cette lutte, eh bien, elle doit viser à ce qu'il y a de plus facile ; mais ce qu'il y a de plus facile, c'est non pas d'essayer de profiter de son propre labeur, c'est d'essayer de bénéficier du labeur d'autrui. C'est ainsi que le crime n'est pas seulement devenu très lâche ; précisément parce qu'il est astucieux, parce qu'il veut remplacer le courage et la passion par une sorte d'habileté qui ne lui coûte rien, il est arrivé à cette conception qui fait honneur à son intelligence : c'est que, s'il est bon et facile de profiter du labeur d'autrui plutôt que d'essayer de profiter de son labeur à soi, il est encore plus facile d'essayer de profiter des fautes d'autrui, de ses vices, de ses mauvaises tentatives, de s'associer enfin à ses délits pour essayer d'en tirer parti, sans avoir affronté les premières luttes et les premiers dangers. Voilà la conception très profonde et très exacte du crime actuel ; elle engendre une forme nouvelle de la vie criminelle ; c'est le parasitisme et c'est l'association malfaisante.

Souvent, vous entendez parler de délits, de délits qui mènent à des crimes, et devant lesquels vous vous dites : Mais ceux qui se sont laissé prendre devaient être vraiment bien innocents ! Toutes les fois qu'on lit, je suppose, le récit d'un vol accompli à certains jeux de hasard, comme le jeu de bonneteau ou bien le vol à l'américaine, on se demande comment ceux qui ont été volés ont pu se laisser voler. Le secret est celui-ci : c'est que, la plupart du temps, ceux qui se sont laissé voler pensaient voler eux-mêmes, et qu'on a observé déjà depuis longtemps que, par exemple, dans ce qu'on appelle le vol à l'américaine, qui se reproduit toujours et qui trouve toujours les mêmes dupes, celui qui est dupe ne l'avait été que parce qu'il s'était cru un instant sur le point de profiter de la sottise d'un autre et d'en tirer parti ; ce n'est que par là qu'il a été lui-même trompé et volé. Ce sont là deux formes très vulgaires et très populaires, malheureusement, de ce genre de délit.

Mais, Messieurs, l'association malfaisante dans laquelle vous voyez des parasites qui vivent non plus seulement du labeur d'autrui, mais du vice et des convoitises d'autrui, vous la voyez sous toutes les formes aujourd'hui. Toutes les fois qu'il se développe, sur un point quelconque de la société, quelque chose de malsain et d'irrégulier, vous voyez immédiatement les parasites qui y tombent. Depuis qu'on a voté la loi du divorce, il s'est produit non seulement à Paris mais dans une foule de villes de province, des agences de divorce qui, sous prétexte deprocurer des renseignements sur la marche à suivre, viennent, en quelque sorte, par les renseignements. ... de plus en plus confidentiels qu'elles apportent, donner non seulement des facilités, mais l'idée et le désir de la chose. La loi (et je ne dis certes pas qu'elle ait tort) permet aux ouvriers de demander des indemnités aux patrons en cas d'accident ayant entraîné une certaine interruption de travail... Immédiatement, il y a des agences qui arrivent et qui disent aux ouvriers : « Comment, vous allez plaider une incapacité de travail de trois jours, mais vous pouvez obtenir de votre accident beaucoup mieux. Mettez votre affaire entre nos mains ; vous avez certainement une incapacité de travail de 20 jours, 30 jours. Confiez nous vos intérêts, nous les ferons valoir. » Ces formes d'associations sont très nombreuses, et on les trouve partout où il y a des personnes désireuses de tourner la loi sur un point quelconque ; par exemple, il est venu à l'idée de certaines gens de tromper la protection dont la loi entoure les biens des femmes mariéessous le régime dotal, il y a des agences qui correspondent d'un bout de la France jusqu'à l'autre et qui essayent de procurer aux maris voulant dépouiller leurs femmes les moyens de le faireen tournant la loi. Ce mode d'association où le parasite vit de la corruption qu'il a provoquée et entretenue est universel, et en vous donnant ces différentes formes, je me suis dispensé et je vous ai dispensés vous-mêmes d'insister sur ce mode d'association criminelle qui consiste dans l'exploitation du vice d'autrui. Vraiment, ceci est tellement connu, qu'il ne vaut plus la peine de nous y arrêter plus longtemps.

Mais la lutte, quand elle n'est pas soutenue par des motifs plus généreux, à quoi peut-elle aboutir ? Au crime. Toutefois le crime pourrait être expié, on pourrait s'en laver, on pourrait se réhabiliter, j'ajoute aussi que beaucoup de personnes, qui ont été tentées de le commettre, pourraient s'arrêter au bord de l'abîme. Mais le résultat de la lutte ainsi entendue, à l'époque où nous sommes, est une défaillance qui se fait sentir non seulement dans beaucoup de formes de la vie sociale, mais qui se fait sentir aussi dans le crime. Il peut sembler étonnant que nous attribuons un progrès dans le crime à une espèce d'affaiblissement. On serait tenté de croire que cet affaiblissement doit, au moins, nous procurer une sorte de tranquillité et faire que les gens qui sont défaillants dans la lutte se reposent, renoncent aux chances de la guerre et retombent purement et simplement à la charge de la charité publique. Messieurs, non, il n'en est rien, ou du moins, s'il y a certainement de ces défaillances qui se traduisent par l'inertie, par la mendicité pure et simple, il y en a d'autres qui se traduisent par des actes plus coupables, qui troublent beaucoup plus gravement la société.

Je pourrais parler du suicide qui est lié par des rapports si étroits au crime, et je pourrais dire que, précisément, pendant que les différentes espèces de crimes se sont développées d'après la loi que j'ai essayé d'esquisser tout à l'heure, pendant que l'immoralité augmentait de 210 %, la paresse et la misère de 430 %, les suicides de leur côté ont augmenté de 162 %. Mais celui qui se suicide, peut-on dire à la rigueur, c'est un être malheureux, c'est un être à plaindre et qui souvent, comme on le répète volontiers, ne fait de tort qu'à lui-même. Mais il y a une autre forme d'abandon, et nous revenons ici à notre point de départ : c'est l'abandon de l'enfant. L'abandon de l'enfant, c'est cet acte par lequel le père de famille, dans lequel l'enfant, d'après la parole que je rappelais tout à l'heure, devrait commencer par voir Dieu, trahit tous ses devoirs et abandonne l'être qu'il a mis au monde. Eh bien, oui, ces abandons-là, ils ont augmenté et ils augmentent d'une manière très sensible, d'abord les abandons matériels et ensuite ce qu'on appelle l'abandon moral. La France a voté récemment une loi inspirée par le zèle d'un homme qui avait déjà donné des preuves de son dévouement à l'égard de l'enfance, et qui, après avoir fait prendre aux pouvoirs publics des dispositions très généreuses pour la protection du premier âge, a fait adopter des mesures très généreuses, elles aussi, pour la protection des enfants déjà plus grands, que leurs parents laissent vivre dans un état habituel d'inconduite, de misère, de mendicité et d'immoralité. Mais, Messieurs, les lois les meilleures sont souvent trahies par l'application qui en est faite, et quoique cette loi soit bien récente, nous voyons déjà malheureusement que cet esprit public, que j'essayais de vous décrire tout à l'heure, tire de cette loi, conçue dans des intentions extrêmement louables, un parti qui peut devenir désastreux. Je ne prendrai que les chiffres de la ville de Paris qui nous sont connus. Ces abandons y augmentent, je n'ai pas besoin de le dire, vous le devinez par avance : dans le département de la Seine, il y a eu, en 1888, 676 enfants qu'on a qualifiés de moralement abandonnés ; en 1889, il y en avait déjà 819. Mais ce n'est pas là le fait qui mérite le plus d'attirer l'attention. Des enfants moralement abandonnés sont des enfants dont les parents ne s'occupent plus... si ce n'est pour les exploiter en vue du vice et pour en tirer parti coûte que coûte, pour les livrer à une débauche qu'ils se font payer. Il tombe, Messieurs, je le crois du moins, il me semble qu'il tombe sous le sens qu'il faut aller trouver ces enfants et les arracher à leurs parents qui en tirent un aussi triste bénéfice. Il est certain que le pire abandon moral et celui qui doit le mieux justifier l'intervention de la loi, c'est celui que les parents essaient de dissimuler, puisqu'ils y trouvent un avantage. Il faut donc employer toutes les ressources de la loi à aller dépister les manœuvres de ces gens qui dressent de jeunes enfants au chantage, et qui ne les y exercent que par les moyens que le chantage emploie d'habitude, c'est-à-dire, en allant s'offrir comme complices à une immoralité qu'ils surexcitent ou qu'ils propagent. Or, que voyons-nous ? Dans la ville de Paris, l'immense majorité des enfants que l'on recueille comme moralement abandonnés sont des enfants qui sont amenés par les parents eux-mêmes. Comment, un père peut venir dire devant le magistrat, devant le dépositaire de l'autorité publique: « Voici mon enfant, il est moralement abandonné, je le proclame moralement abandonné, et vous allez le recueillir ! » Mais c'est un moyen mis à la portée de tous pour se débarrasser de son enfant ! c'est ouvrir, pour des enfants déjà grands, ce qu'un ministre de l'Intérieur, bien inspiré ce jour-là, appelait un tour universel et permanent ! Et, en effet, dans l'année 1888, sur 676 enfants moralement abandonnés, il y en avait 482 qui étaient amenés par les parents eux-mêmes, 482, et, dans l'année 1889, il y en a eu 508 ! Donc la loi n'a pas été appliquée conformément à son esprit ; on ne va pas assez chercher ceux qui sont véritablement entre les mains de parents indignes, car nul père n'est plus indigne que celui qui profite de son enfant pour en tirer un bénéfice immoral et, par conséquent, se garde bien d'aller se dénoncer. Mais, en acceptant ces 508 enfants amenés par des parents, simplement misérables et sans courage, on épuise toutes les ressources de la loi. On les épuise en faveur d'individus pour lesquels la loi n'était pas faite. Voilà cette forme de l'abandon qui arrive, vous le voyez, à son point le plus aigu.

Et notre cercle, dirons-nous ici qu'il se referme ? Non, malheureusement ; c'est un cercle qui se continue toujours, mais enfin nous revenons ici à notre point de départ. Nous avons eu des enfants qui avaient été mal élevés, qui devenus hommes, sont des malfaiteurs, et, s'ils ont des enfants, leurs enfants seront encore plus mal élevés qu'ils ne l'étaient eux-mêmes, et ainsi la race se perpétue, et nous arrivons à avoir, dans la société où nous vivons, non plus l'effort personnel, non plus le concours mutuel, qui sont les deux formes par excellence de la vie sociale; mais nous trouvons une très grande préoccupation de se dérober à tout effort, et de bénéficier, quelquefois des labeurs, beaucoup plus souvent, parce que cela est plus fructueux, des vices et des faiblesses d'autrui. Mais, dans cet abandon de soi dont je parlais, comme il faut toujours vivre et comme l'humanité n'est pas, ne devient pas plus désintéressée de la jouissance, tant s'en faut, à qui s'adresser ? Je disais que l'effort viril et que le concours mutuel étaient soutenus par un sentiment de la dignité, et par ce sentiment d'optimisme qui repose sur la croyance dans un ordre providentiel, œuvre d'un dieu bon. Mais ici, où est l'ordre providentiel devant lequel on se prosterne et dont on réclame des faveurs ? C'est la providence de l'Etat. Nous arrivons alors à ce socialisme qui submerge tout, où chacun se comporte à peu près comme il veut, mais compte sur cette fausse divinité, par laquelle on a remplacé la véritable. Nous la connaissons, cette idole à laquelle on ne demande rien pour l'avenir, mais à laquelle on demande tout pour le présent, devant laquelle on ne se résigne pas, mais dont on veut avoir quelque chose tout de suite et sur laquelle on exerce une pression, non pas par son effort personnel et par son intelligence, mais par la masse que l'on a réussi à former et à remuer. C'est là l'action du nombre ; aucun élement ne vaut par lui-même, mais tous réunis arrachent à cette providence artificielle des faveurs où l'amènent les convoitises aveugles des uns et les concessions ambitieuses des autres. Voilà la divinité devant laquelle on sacrifie.

Si nous voulons arrêter ce torrent et lui opposer une digue, dirai-je qu'il faut affaiblir la puissance de l'Etat ? Bien loin de là ! Je dirai même qu'aujourd'hui, et je l'ai montré, l'Etat n'est pas assez armé contre le crime ; il faut bien le croire, puisqu'il y a un si grand nombre de méfaits qui restent impunis. Je soutiendrai, au contraire qu'il faut restaurer l'autorité de l'Etat ; mais si l'Etat a cherché une fausse autorité dans cette prétention à vouloir se substituer au Dieu véritable et s'il n'a fait par là que compromettre sa puissance en voulant viser plus haut qu'il ne devait, eh bien, qu'il la rétablisse véritablement sur ses bases nécessaires ! De même que le père de famille fortifie son autorité en enseignant à son enfant à croire en Dieu, qu'ainsi l'Etat rétablisse sa véritable autorité à lui et qu'il la rende plus bienfaisante et plus protectrice en acceptant que cette autorité est une véritable délégation divine.

Voilà, quelque chose qui raffermirait singulièrement l'action de la justice.

La justice, je prends le mot dans son sens très général, je ne veux pas m'attaquer ici aux représentants de la justice et à la magistrature, il s'en faut de beaucoup, mais je prends la répression si vous aimez mieux : la répression, en France à l'heure qu'il est, elle est faible. Pourquoi est-elle faible ? Est-ce parce qu'elle ne condamne pas assez ? Non, elle condamne beaucoup, et il est très vrai, en France comme dans d'autres pays de l'Europe, suivant le mot d'un praticien allemand, que la justice, devant les coupables, semble avoir la préoccupation d'envoyer le plus de monde possible en prison, le plus souvent possible, pour le moins de temps possible. Cela est vrai, mais j'ajouterai : de manière à ce que la prison leur fasse le moins de bien possible et le plus de mal possible. Messieurs, cela résume parfaitement ce qui passe.

On abuse des condamnations à la prison ; on fait passer des centaines de mille d'individus par la prison et on crée ainsi dans le pays entier une seconde société, une société qui est incohérente, qui est disparate, qui est toujours en lutte avec elle-même, mais qui est encore plus en lutte avec la véritable société. Il faudrait évidemment que la répression se réformât ; mais pour que la magistrature réforme son mode de répression, il faut qu'elle ait confiance dans la manière dont ses sentences sont exécutées. Et comme une sentence est faite pour être exécutée, qu'elle n'est faite que pour cela et qu'un jugement n'existe pas, pour ainsi dire, s'il n'est pas bien exécuté, c'est à l'exécution des peines que nous devons nous en prendre. Eh bien, par l'exécution des peines, qu'est-ce que nous recherchons aujourd'hui ? Est-ce à réformer le criminel ? Nous cherchons à l'écarter momentanément de nous, à nous en débarrasser, et, si l'idée de Dieu est absente de l'enfance, si elle est absente de la vie sociale, elle est encore malheureusement plus absente des lieux où elle devrait essayer de réformer le malfaiteur. Que de signes d'affaiblissement, Messieurs, et de signes de décrépitude !

Où est le remède ? Vous me permettrez de rappeler ici une parole de notre vénéré président. Il sortait d'une assemblée où il avait défendu sa cause habituelle et où il avait défendu aussi ses amis avec toute l'ardeur et toute la générosité qu'il gardera jusqu'à son dernier soupir ; un de ceux qui venaient de l'écouter lui dit familièrement : « Est-il jeune, ce M. Franck, » et M. Franck lui répondit : « Monsieur, on est toujours jeune quand on croit à quelque chose, on est décrépit quand on ne croit à rien. » (*Vifs applaudissements.*)

Vous le voyez, Messieurs, je vous livre ici le secret non pas de savoir vieillir, mais de ne pas vieillir. Puissions-nous garder ce secret et l'employer non pas seulement pour chacun de nous en particulier, mais pour la société dans laquelle nous vivons, et vous voyez que, pour la société comme pour les individus, il y a un moyen d'échapper à la décrépitude : c'est de conserver les croyances, et j'ajouterai en terminant, la croyance qui est le fondement solide, mais aussi le fondement unique de toutes les autres, c'est-à-dire la croyance en Dieu. (*Longue salve d'applaudissements.*)

Clermont (Oise). — Imprimerie Daix frères.